내 이름은
행복입니다

내 이름은 행복입니다

초판 1쇄 발행 2025년 12월 4일

지은이 전남주
펴낸이 장길수
펴낸곳 지식과감성⁰
출판등록 제2012-000081호

교정 주경민
디자인 강샛별
편집 강샛별
검수 윤혜성, 정은솔
마케팅 김윤길

주소 서울시 금천구 벚꽃로298 대륭포스트타워6차 1212호
전화 070-4651-3730~4
팩스 070-4325-7006
이메일 ksbookup@naver.com
홈페이지 www.knsbookup.com

ISBN 979-11-392-2902-8(03810)
값 13,000원

• 이 책의 판권은 지은이에게 있습니다.
• 이 책 내용의 전부 또는 일부를 재사용하려면 반드시 지은이의 서면 동의를 받아야 합니다.
• 잘못된 책은 구입하신 곳에서 바꾸어 드립니다.

지식과감성⁰
홈페이지 바로가기

내 이름은
행복입니다

전남주 시집

시인의 말

　두 권의 시집을 낸 뒤, 감정이 메마른 채 시간을 보내던 어느 날, 국어국문학을 전공한 지인들이 한자리에 모였습니다. 안부를 나누고 세상사를 이야기하며 문학을 논하던 중, 누군가가 우리말 부사어의 소중함에 대해 말했습니다. 부사어는 말에 섬세함과 유연함을 더하며, 리듬과 관점을 살아 숨 쉬게 하는 존재라고 했습니다. 그 말은 제게 한 줄기 빛과 같은 울림이었습니다. 바로 그 순간, 세 번째 시집은 부사어를 제목으로 하는 시를 써야겠다는 생각이 번쩍 떠올랐습니다. 그렇게 해서 2부의 17편 작품 제목들은 모두 부사어로 이루어졌습니다. 이는 감정의 상태를 고정된 명사로 규정하기보다, 흐름 속에서 포착된 순간의 결을 드러내기 위한 시적 선택이었습니다. 부사어 제목의 시들을 한 편 한 편 써 내려가다 보니, 어느덧 한 권의 시집이 완성되었습니다.

이번 시집은 '행복'이라는 단어를 다시 바라보는 여정입니다. 《내 이름은 행복입니다》라는 제목은 행운을 좇는 삶보다, 짓밟힌 세잎클로버의 속삭임에 귀 기울이고자 하는 마음에서 비롯되었습니다. 우리는 클로버 풀밭에 들어서면 네잎클로버를 찾느라 허리를 굽히고 눈을 크게 뜨곤 합니다. 그 옆의 세잎클로버는 흔한 풀잎일 뿐, 종종 천덕꾸러기 취급을 받습니다. 그러나 행운의 네 잎과 행복의 세 잎, 과연 어느 것이 더 소중한지 돌아보며 저 자신과 우리 삶을 성찰해 보고 싶었습니다.

시집은 총 5부로 구성되어 있으며, 각 부는 대표작의 제목을 따르고, 시편들은 가나다순으로 배열했습니다. 독자들이 자신의 감정과 호흡에 따라 자유롭게 시들을 탐색할 수 있기를 바라는 마음에서입니다.

1부 〈내 이름은 행복입니다〉는 일상의 소중함과 동심의 풍경을,
2부 〈망설이다가〉는 감정의 진폭과 내면의 흔들림을,
3부 〈바람과 비〉는 사물에 대한 존재적 성찰을,
4부 〈물비늘 같은 사람〉은 관계의 온기와 사람의 결을,
5부 〈거울 속 풍경〉은 자아 성찰과 존재에 대한 질문을 담고자 했습니다.

이 시집을 통해 독자들이 자기 이름을 '행복'이라 부를 수 있는 순간을 마주하길 바랍니다. 또한 반복되고 사소한 일상 속에서 행복은 잉태되고, 자라나며, 넓어져 간다는 사실을 느낄 수 있다면 이 시집은 제 역할을 다한 것이라 생각합니다.

> 나도 향기로 기억되고 싶다
> 주변을 따뜻하게 하는 모닥불 같은
> 가까이 올수록 더 맑아지는 숨결 같은
> 지나간 자리마다 꽃이 피는
> 그런 사람
> － 〈향기 나는 사람〉 중에서

이 시는 제 삶의 지향점이자, 제 주변의 모든 이들이 그렇게 살아가기를 바라는 마음을 담아 쓴 작품입니다.

시집 중간중간에 들어있는 다양한 삽화들은 초등교사인 전솔 선생님이 특별히 그려주었으며 각 시의 특징들을 간결하게 포착하여 수준 높은 그림을 그려주었습니다. 이 시집을 더욱 풍성하게 만들어 준 삽화 작가님께 감사의 마음을 전합니다.

끝으로, 두 번째 시집을 보고 아낌없는 칭찬과 자부심을 전해 준 포클레인 친구, 언제나 용기를 북돋아 준 왕인회 친구들, 함께 모여 시상을 떠올려 준 풍암동 친구들, 언제나 믿음으로 곁을 지켜주고 응원해 준 가족과 지인 여러분께도 깊이 감사드립니다. 아울러 시평 작업을 함께해 준 인공지능 copilot에게도 감사의 마음을 전합니다.

2025년 12월
빛고을 풍암골에서 **전남주**

목차

시인의 말   4

1부
내 이름은 행복입니다

내 맘의 강물	15
내 이름은 행복입니다	16
너에게로 가는 길	17
눈동자	18
당연한 존재	19
버스 안에서	20
순두부찌개	21
숨바꼭질	22
어버이날	23
얼룩	24
얼룩 2	25
오지랖	26
임플란트	27
커피를 타면서	28
향기 나는 사람	29
혼자뿐인 식사	30

2부
망설이다가

넌지시	33
늘	34
다시	35
돌연	36
둥글게 둥글게	37
때로는	38
똥그래가지고	39
망설이다가	40
망설이다가 2	41
성큼	42
어떻게	43
오리 물 털듯이	44
자연스럽게	45
참을 수 없는	46
하마터면	47
한 아름	48
행여	49

3부
바람과 비

고추나무	53
노래방 마이크	54
동치미	55
마른장마	56
맴맴	57
모기	58
모내기	59
바람과 비	60
배롱나무	61
벚꽃 지는 날	62
빨래방	63
새싹 보리	64
세시화	65
수국 천지	66
스파티필름	67
옥수수	68
왕죽순	69
장마	70
조약돌	71
투석	72

4부
물비늘 같은 사람

막걸리	77
먹태	78
모름지기	80
물비늘 같은 사람	81
배추 농부	82
별다방 미인	83
용과 룡 사이	84
우물	85
작은 거인	86
진공청소기	87
큰사람	88
토끼봉	89

5부
거울 속 풍경

거울 속 풍경	93
노 브레이크	94
라면을 끓이며	95
밤하늘을 보다가	96
산책	97
산책 2	98
산책 3	99
삼복은 아직인데	100
시 배우는 시간	101
외식	102
자유 시간	103
전파	104
클라우드	105
폭염주의보	106
파수꾼	108

시평

행운을 넘어 행복으로 가는 시적 여정	111

1부

내 이름은 행복입니다

내 맘의 강물

도랑물이 시냇물이 되고
시냇물은 강물이 되는데

내 맘의 도랑물은
시냇물도 이르지 못한 채
먼바다를 향하고

바람이 불어와 물결을 일렁이면
일렁이는 물결에
내 맘도 강물에 가닿으려나

아득하게 느껴지는 그날이지만
단단해진 진주알을 품고 있으면
부서지는 강물 위에 반짝일 날이 있으려나

내 이름은 행복입니다

하얗게 꽃을 피운 클로버 풀밭에
동무와 나란히 쭈그려 앉았다
누가 먼저랄 것 없이
부지런히 눈알을 돌리며
손길을 헤치며 숨겨진 보물을 찾는다

동무는 네 잎의 꽃말은 행운이라며
세 잎의 동무들을 넘어뜨리고 짓밟는다

밟히고 짓이겨지고 외면받는 세 잎은
우리에게 속삭인다
너희들은
행운이 소중해!
행복이 소중해!

너에게로 가는 길

널
보기만 하다가
듣기만 하다가
좋아만 하다가

알아보기로 했다
배워보기로 했다

알아갈수록
배워갈수록
얕아지는 내 마음

얼만큼
더 깊어져야
너에게 닿을 수 있을까

눈동자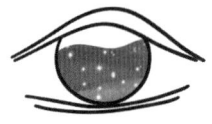

사랑은 눈으로 오나 봐요
당신에게 내가 들어 있고
내겐 당신이 들어 있습니다

당신의 눈동자엔
무척이나 빛나는 별이 보입니다
웃음 머금은
행복을 선사하는
온 세상을 따뜻이 감싸는
하늘의 달님도 따다 줄 것 같은

내 눈동자엔
무척이나 드넓은 바다가 들어 있습니다
팔 벌려 주는
고개를 끄덕여 주는
미지의 대륙으로 헤엄쳐 가는
세상의 모든 풍파를 다 삼킬 것 같은

당연한 존재

새해가 떠오르고
새싹은 돋아나고
여름이 찾아오고
장마는 시작되듯이

날마다 해사하게 아침을 열어주시던
전화 너머로 늘 끼니를 물어보시던

고맙습니다
사랑합니다
말 한마디 쉽게 꺼내지 못했지만

당신의 숨결
당신의 모든 순간이
지금은 별로 남아 있습니다

버스 안에서

신발이 천 근으로 느껴지는 퇴근길
허겁지겁 버스에 올라 자리를 두리번거린다

용케도 발견한 빈자리

다음 정류장
흰머리 지긋한 어르신
다음 정류장
다리가 불편하신 어르신
또 다음 정류장
가늘고 듬성한 파마머리 어르신이 올랐다

내 정류장은 한참이나 멀었는데
내 엉덩이는 발갛게 달아오르고 있었다

순두부찌개

뚝배기 속은 작은 우주
김칫빛 국물에 속살을 내어준
순두부 한 조각이
입안에서 조용히 무너진다

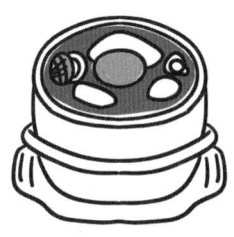

뜨거움과 부드러움이
한 숟갈에 포개져 식도를 타내려갈 때
심장은 벌떡 춤을 춘다

뚝배기에 담긴 꼬두밥처럼
오밀조밀한 그리움이 입안을 맴돈다

먹는다는 것은
그리움을 소환하는 일
뚝배기에 남겨진 국물처럼
아직도 내 심장에 남아 있는 뜨거움이여!

숨바꼭질

햇살이 물장구치는 오후
웃음소리를 풍기며 굴러가는 자전거
물총 속 물방울은
새파란 꿈이 되어 하늘을 향해 솟구친다

모래성 위에 상상의 꽃씨를 심고
사이다 병뚜껑 터지듯
톡 터지는 웃음이 골목길을 채운다

숨바꼭질하던 여름날 오후
떨어진 땀방울은 반짝이는 별이 되고
짧은 하루는
기억의 깊은 곳으로 자리 잡는다

여름은
아이들의 시간에 꽃이 피는 계절

어버이날

전화가 오고
꽃이 배달되었다
화려한 서양란이다

화분 안에는
사랑과 감사가 한 아름 들어 있다

입가로 번지는 미소는
꽃들과 인사를 나눈다

꽃잎 위로 피어나는
당신의 얼굴
절대로 잊히지 않을

뿌듯함과 서글픔이 교차하는
기분 묘한 오늘

얼룩

셋이서 둘러앉은 선술집
광어회 한 점에 고추장을 적신다
씹히는 게 아파서인지
광어가 피눈물을 흘린다
새하얀 셔츠에 떨어진
고추장 한 방울
얼른 물수건으로 훔쳐내 보지만
한번 밴 얼룩은 세포까지 파고들어
흔적을 남겼다

무심코 떨어뜨린 말 한 방울
지금도
친구의 가슴에 얼룩으로 남아 있을
피멍울

얼룩 2

햇살이 화살이 되어 창문에 드리우는 오후
테이블 위 얼룩진 커피 한 방울
영역을 넓혀가는 자기만의 제국

작은 인연이
큰 만남으로 번지듯
그 만남이 삶을 채워가듯

얼룩으로 물들어 가는
인생 오후

오지랖

순환버스에서
서서히 하품이 밀려올 쯤
중년 신사가 탑승한다

기사님 동부센트레빌 가나요
잘 모르겠는데요

한동안의 침묵

난 한참을 망설이다가
마재우체국에서 내리시면 됩니다
감사합니다

그 한동안의 침묵 시간에
나와 손님들은 한 단어를 떠올렸을 것이다
오지랖

임플란트

내 것인 줄 알고 쓰다가
끄덕거린 후에야 알았습니다

갈아 끼운 것도 모르고 쓰다가
아픔이 밀려온 후에야 알았습니다

불쾌로 전해오는 찌릿한 몸서리

손가락 끝 가시 하나
흔들리는 치아 하나
작은 것에 무너져 가는 내 하루

커피를 타면서

그리움 한 스푼을 넣어 찻잔을 저으면
이내 정원 정갈한 찻집에 와 있습니다

그리움 한 스푼 넣어 시동을 걸면
이내 갈대 함초롬한 강변에 와 있습니다

찻집의 마주 앉음
강변의 나란 앉음
어제 불다 간 바람처럼 사라졌지만

내 그리움 하늘에 닿으면
당신 그리움도 이슬처럼 내릴 것입니다

향기 나는 사람

냄새나는 것들은 우리를 돌아보게 한다
보도블록 위에 싸질러진 개똥
텃밭에 흩뿌려진 거름
체육시간을 마친 남중생의 겨드랑이
공사장 인부의 안전모
코끝을 찌르며 우리를 돌아보게 한다

향기 나는 것들은 우리를 머무르게 한다
별다방에서 번져 나온 갓 내린 커피 향
축령산 편백나무 숲에서 번지는 피톤치드
오월 조선대 장미정원의 꽃향
그녀의 찰랑대는 머릿결로 흐르는 샴푸 향
코끝을 간질이며 우리를 머무르게 한다

나도 향기로 기억되고 싶다
주변을 따뜻하게 하는 모닥불 같은
가까이 올수록 더 맑아지는 숨결 같은
지나간 자리마다 꽃이 피는
그런 사람

혼자뿐인 식사

수저 한 쌍 접시 두 개
식탁 하나 의자 네 개
세 개의 의자는 온기를 잃은 지 오래다

부딪칠 일 없는 젓가락 숟가락
김치 한 조각 멸치 한 마리에
고독을 함께 삼킨다

한 술의 밥을 백 번을 씹어도
시계는 왜 이리 느리게만 가는지
설거지 그릇을 헹구고 또 헹궈도
밤은 왜 이리 길기만 하는지

창밖 달빛은
굽뜬 등허리로
시리게 빛나고 있었다

2부

망설이다가

넌지시

네 눈을 내게 주던 날
내 맘을 열게 하던 날

스르르
솜사탕 부풀듯이
가슴이 벅차오르던 날

그날은
우리의
첫날

늘

곁에 있어도
말 한 번 못 건네는 사람 있습니다

어쩌다 눈이 마주쳐도
미소 한 줌 못 보내는 사람 있습니다

만나지는 못해도
늘 생각나는 사람 있습니다

그럴 때마다 가슴은
무거운 돌덩이가 되어
사무치게 내려앉습니다

다시

돌아갈 수 있다면
가로등 불에 빛나는 너의 눈망울을 맞이할 수 있다면
비 오는 날 쓸쓸히
돌아서는 너의 등을 보진 않으리

사랑할 수 있다면
커피 한 잔을 타주며 스푼의 감미로움까지 전해주던
너의 달콤함을 맛볼 수 있다면
눈 오는 날 외로이
밑바닥 커피를 핥고 있는 나를 보진 않으리

돌연

사라져 버린
잊은 것도
잊힌 것도 아닌
그냥
묻어둔 채로 삼십 년

돌연 나타나
하루도
한순간도
널 잊은 적이 없다고 내뱉는 순간

묻어둔 기억은
어제처럼 되살아나
단숨에
벌건 홍시가 된 내 심장

둥글게 둥글게

살아가자고
둥글게 살믄 된다고
속은 좀 숯댕이가 되드라도

정에 맞아 시푸렇게 멍들어 가는
모난 돌은 되지 말드라고

투박하면서도
배고픈 이에게 외면당하지 않는
곰보빵 같은
만만한 친구가 되드라고

때로는

배고픈 적도 있었어요
울며 잠든 적도 있었고요
만 원이 없어 약속을 미룬 적도 있었습니다

이 가난을,
이 무능함을,
이 웬수를,
수없이 되씹은 그 많은 날들

길거리 휴지 줍는 할아버지
재활용 수거함을 서성이는 할머니
젖은 눈으로 오래 머무르는 내 눈동자

똥그래가지고

한 발을 들어 올린 채
고개를 옆으로 돌린 채
눈만
똥그래가지고
기싸움 한판을 벌인다

적인가 친군가
갈까 말까 하다가
귀를
쫑긋 세우고
경계의 눈빛을 보낸다

잦아진 이방인의 발자국 소리
가까워진 냥이의 발바닥 거리

망설이다가

그 눈빛이 그 눈일 줄도 모르고
그 눈이 내 눈에 잠겨 있을 때에야
당신 눈빛의 의미를 알았습니다

망설이고
망설이고
망설이다가

당신은 저 멀리 무지개를 찾으러 떠나버렸고
내 맘은
다시 소나기 쏟아질 날만 기다리고 있습니다

망설이다가 2

갈까 말까
말할까 말까

망설이다가

발 떼려니 저녁이더라
말하려니 빈자리더라

성큼

태양은 작열하고
바람이 숨을 죽인 날
매미의 울음은 시간을 찢고 흐른다

폭염은 뼈마디를 태우고
달궈진 아스팔트가 불기운을 내뿜을 때
매미의 목청은 더욱 뜨거워진다

절정으로 높아 갈수록
성큼
다가오는 침묵의 시간
다가서는 가을의 그림자

매미 소리가 노을에 물들 때쯤
바람은 되살아나고
귀뚜라미는 산책을 나오겠지

어떻게

너를 보내
어떻게 너를 잊어
바람만 불어도
한두 방울 빗소리에도
한밤중 또각또각 발자국 소리에도

내 귀는 오직 너의 숨소리만
내 몸은 오직 너의 손길만을 기억하고 있는데

오리 물 털듯이

한숨 품고 찾아온
풍암저수지
물 위를 즐기는 한 무리 오리 떼
한참을 헤엄치다가
가끔은
물속에 머리를 넣었다가
자유자재로 몸을 놀리다가
어느새
뭍으로 올라와 몸을 두어 번 털어댄다

새하얘진 깃털
쩍 벌어진 날개

오리 물 털듯이
삶도 사랑도 더 빛이 났으면……

자연스럽게

다가서는 발길이 있습니다
자연스럽게
다가서는 손길이 있습니다
자연스럽게
다가서는 말길이 있습니다
자연스럽게
다가서는 숨길이 있습니다

자연스럽게
그대에게 다가가는 그날을 기다립니다

참을 수 없는

넌 사랑을 원했다
다른 넌 욕망을 원했다

난 무거움을 느꼈다
다른 난 가벼움을 느꼈다

가슴에 바위가 들어앉았다
어깨에 날개가 돋아 올랐다

가슴에 바위를 품은 채
날아오를 순 없을까

하마터면

넘어질 뻔했던 길을
당신 어깨가 옆에 있어
기댈 수 있었습니다

엉엉 흐느낄 뻔했던 일을
당신 건넨 손수건이 있어
참을 수 있었습니다

당신 그윽한 눈빛을 보며
마음으로 크게 외칩니다

할 수 있어
견딜 수 있어
일어설 수 있어

한 아름

오월의 햇살 가득한 날
사랑을 가득 풍기며 배달되어 온
카네이션 바구니

행복을 머금고
한 송이 한 송이에 눈을 맞추다
가슴으로 적셔오는 당신의 기억

이렇게 향기로운데
이토록 뭉클한데
이제는 달아드릴 가슴이 없네요

당신 계신
그 나라에 번지가 있다면
그리움 한 움큼 실어 한 아름 보낼 텐데

행여

눈빛 한 망울 건네줄까
입술 한 모금 머금어 줄까
행여 뒤돌아 손 한 번 흔들어 줄까
멀어져 가는 등 뒤에 꽂히는
내 눈의 수많은 화살들

3부

바람과 비

고추나무

비닐 멀칭을 씌우고
두둑 높은 곳에 구멍을
숭숭 뚫었다

모종을 옮기시는 어머니는
구멍 간격을 더 넓혀서 뚫으시란다

왜냐고 물으니

큰사람이 될라믄
큰물에서 놀아야 하듯이

고추도 많이 영글라믄
널찍한 공간이 필요한 법이여

노래방 마이크

울긋불긋 반짝이는 불빛
노랗게 채워진 글라스
발그레 상기된 얼굴들

무수한 사연의 보따리들을
차례차례 끄집어낸다

반주와 함께 시작된 손 떨림
첫 소절과 함께 목소리도 떨려오지만
가사에 인생이 녹아내릴 즈음
마이크도 힘을 얻어 절정으로 내달린다

오늘 노래는 모두 다르지만
내일은 신바람 나는 삶을 위하여
건배!

동치미

조각 해가
툇마루에 걸칠 때쯤
소반에 담겨 내온 고구마 몇 덩이

후우우 후우우
이 손 저 손 옮겨가며 한 입을 베어 문다

아이들은 밤고구마
어른들은 물고구마
아그작 아그작
동치미 한 조각에 허기가 저물어 간다

이거라도 배불리 먹으렴
오늘 저녁은 땟거리가 부족하니……

마른장마

장마라카더니만
햇볕만 쨍쨍이다

장마라카새서
배수로 낙엽 거둬냈더니만
땀만 줄줄이다

소나기 온다캐서
고추밭에 물주기 미뤘더니만
고추들만 다 보타진다

올 놈은 싸게싸게 와야지
너무 기다리게 하믄
못 써!

맴맴

나무 아래 땅속에 십 년 동안 꿈을 꾸다
드디어 나무에 올랐다
태양의 따사로움에 눈물이 나
맴맴

한 번의 운명을 위해
하늘을 향해 숲을 향해 세상을 향해
우주의 소리를 담아
맴맴맴

달포의 시간을 십 년으로 살아내고
어느 바람 불던 날
허물 하나 남기고 하늘로 가는 길
그 여름은 뜨거웠다고
맴 맴 맴 맴

모기

습한 날
코앞에서 버스를 놓치고
정류장 벤치에 엉덩이를 걸쳤다

풀숲 어딘가에서 기회를 노리다가
이곳저곳 마구마구 침을 박는다

모기는 말하고 있는 것이다
움직이지 않는 자리는
늘
누군가의 밥상이라고

모내기

바지를 걷어 올리고
저벅저벅
맨발로 무논에 들어서면
갯벌이 발가락을 간질인다

못줄을 팽팽히 드리우고
열을 지은 병정들처럼
절구질하는 사마귀처럼
무한으로 반복되는 허리 꺾임

한쪽 끝에서
어어이 외치면
다른 쪽 끝에서
어이

허리를 천만 번이나 굽힌 후에 마시는
막걸리 한잔
남겨진 논을 바라보는 농부의 눈은
한숨으로 무겁다

바람과 비

사월 어느 날
세찬 바람이 분다

마구로 흔들리는 대지의 여린 풀잎
바르르 떨고 있는 이름 모를 노란 들꽃

분주히 먹이를 찾는
산비둘기 한 마리

이 바람이 지나면
분명코
세찬 비가 내릴 터인데

그들은 알고 있는 것이다
궂은일은 한꺼번에 달겨든다는 것을

배롱나무

팔월의 숨 막힌 오후
배롱꽃이 분홍 치맛자락을 흔들며
해살스럽게 웃고 있다

상가 창밖엔
우우우웅
돌아가는 에어컨 실외기
지친 기계의 심장이 헐떡이는 소리
뜨거운 한숨을 내뱉는 소리

그늘은 배롱꽃 잎처럼 작기만 한데
아이들은 철없이 뛰어다니고
어른들은 폭염의 아스팔트처럼 늘어진다

툭
떨어지는 꽃잎 하나
꽃잎을 삼키는 실외기 돌아가는 소리

벚꽃 지는 날

벚꽃 흐드러진 가로수길
화사한 꽃잎과 눈맞춤 하고 있는
재회의 첫사랑이여

얼음이란 이런 걸까
멈춰진 시간 속
황홀한 눈빛으로 만개한 꽃들을 마주하던
그날의 우리

맞잡은 두 손에
한없이 터지던 함박웃음
마주한 두 눈에
끝없이 뻗쳐오르던 그윽한 눈빛

지금 떨어지는 꽃잎 사이로
그날의 약속은 흐르는데
애써 웃음 지으며
속으로 속으로만 흐르는 내 눈물이여

빨래방

더러워진 옷가지
한 아름 몰아넣고
버튼을 누른다

우―우―웅
세탁기 돌아가는 소리

이리 뒤틀 저리 뒤틀
삼백육십 도 회전하면서
물과 세제에 압도당한
얼룩은
형체도 없이 사라져 버렸다

새롭게 태어난 빨래들처럼
내 맘도 새로워질 순 없을까
내 인생도 뽀송해질 순 없을까

새싹 보리

새하얀 들판
새싹들이 고개를 내민다
대지를 품고
태양을 향해 기지개를 켠다

곰밤부리 꽃피우는 바람이 남실대면
새싹들은 푸른 꿈 키워가겠지

개구리 기분 좋아라 우는 봄비가 내리면
새싹들은 잔뿌리 넓혀가겠지

한여름 황금물결을 위해
새싹들은 지금
하늘을 향해 활시위 당기는 중

세시화

햇살이 바늘처럼 찔러오는
오후 세 시
봉오리 하나 조심스레 벌어진다
잎 속에 숨겨둔 기다림을 안고

바람도 지나가고
벌 나비도 날아가 버렸지만
너는 오늘도 제시간에 찾아왔다
기다림이 습관이 된 것처럼

노을이 지면
지친 마음으로 문을 닫지만
내일도 해님은 떠오를 것이기에
내일쯤엔 임이 찾아올 것이기에
오늘 밤에도 넌 화장을 하겠지

수국 천지

곰보빵 부풀어 오르듯
터질 듯한 두 주먹 꽃송이
분홍 파랑 보라의 향연

여러 색을 품었다고
변덕쟁이라 욕하지 마세요

황토밭에서는 분홍으로
모래밭에서는 파랑으로
자갈밭에서는 보라로 터지는 나는

당신 품 안에서만은
붉은 빛깔로만 터지고 있다오

스파티필름

쌀을 씻다
뽀얀 뜨물이 아까워
화분에 부어 주었다

웬걸

다음 날 필름은
짙은 초록으로 잎을 반짝이며
상긋 웃음 지었다

새로운 세상을 발견한 것처럼
그동안 물만 주었는데
너도 특식이 필요했구나

오늘은 눈부시게 하얀 미소로
나를 향해 윙크하는구나

옥수수

오뉴월 땡볕에
알맹이가 토실토실 차오를 쯤
장맛비가 오락가락거릴 때쯤
전화벨이 울렸다
아들이 내려온단다

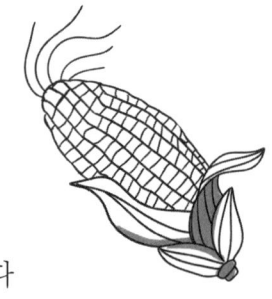

엄니는 대바구니를 들고
기다림을 가득 담아 밭으로 갔다

팔순 할아버지의 수염처럼 축 늘어진 것들로만
톡 톡 끊어낼 적마다 입가에 번지는 미소

맑은 물에 소금과 당원을 만나
양은솥에서 마당으로 번지는 구수한 아우성

호호 불며 이리저리 손을 옮겨 가며
연방 맛있다 말하는
입꼬리가 벌써부터 쨍하다

왕죽순

비 뒷 대숲
통통하게 솟아난 너
함초롬하게
당당하게
햇살을 향해 웃음 치고 있구나

단단한 흙 속에 웅크리고 있다가
기적처럼 쏘아올린 커다란 몽둥이

얼마나 많은 밤이
얼마나 많은 밟힘이
저토록 튼실한 몸뚱이를 밀어냈을까

오늘 죽순밭에는
내일의 하늘을 흔들어 댈 바람이 자라고 있다

장마

공간에 들어선 순간
존재감을 드러낸 너

언제부터인가
너의 체취를 각인한 나

퀴퀴한
습한
유쾌하지 않은

햇볕 한 줌
바람 한소끔이면 사라질 너지만

지금은 맘껏 너의 영토를 확장하는 시간
너에겐 기다림도 달콤함이었겠지

비 오는 동안이라도
기억해 주라는 말을 남기고 떠난
곰팡이로 기억되는 당신

조약돌

얼마나 많은 발길이 지나갔을까
얼마나 많은 눈길이 스쳐갔을까

지구의 반을 떠돌다
닳고 닳아 둥글납작해지는 동안
얼마나 많은 비밀을 품었을까

물속에 잠겼다가
공중에 떠올랐다가
진흙에 처박혀 긴 세월 보내는 동안

비 오면 빗소리에
바람 불면 바람 소리에
얼마나 작아지고 단단해졌을까

너만의 이야기가 차곡차곡 쌓여 있구나
너라는 존재로 태어났구나

투석

띠띠 띠디띠
복사기에서 울리는 버저 음
종이를 채우니 이내
쌩쌩 잘도 돌아간다

정신이 혼미한 채
부랴부랴 찾은 응급실
신장 구십 퍼센트 손상이라는 진단을 받고
바로 대정맥을 가르고
호스를 삽입한
혈액투석기

나쁜 피를 걸러내고
신선한 피를 공급하는
다섯 시간 동안
아버지는 생사를 넘나들었다

띠띠 띠디띠

띠띠 띠디띠

투석기에서 울리는 버저 음

피를 돌리고 돌려도

점점 탁해져 가는 아버지의 적혈구

4부

물비늘 같은 사람

막걸리

막걸리 한 잔으로
밤을 데운다
술잔은 입술보다 먼저 부딪히고
안부는 술잔 따라 서서히 녹아든다

치이익 파전 익는 소리
따르르 막걸리 따르는 소리
친구들의 웃음소리에
목젖은 꿀렁거린다

혼자 마시면 술이요
함께 즐기면 소리다
우정이 익어가는 소리
밤이 이슥해지는 소리

먹태

스분스분 눈 내리는 밤
하나둘 호프집 창가에 둘러앉았다
나리는 눈송이 하나에
추억을 한 움큼 뭉쳐
무더기 진 먹태 한 점을 소맥에 말아 먹는다

물기를 잃어버린 바다의 향기
쫘악 쫙 찢어져 어쩌면 성냥개비 같은
청양고추 마요네즈 장에 적셔
입속에서 질경거릴 때

우리는
수많은 명태들의 이름을 부르며
눈송이의 끝자락을 보았다

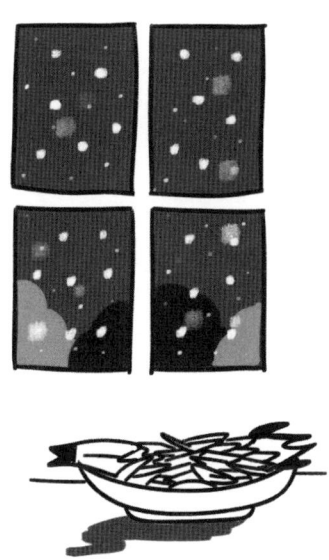

모름지기

십팔 미터라 함은
이 정도

모름지기를 외치고
십팔 홀을 하나씩 점령해 가는
정 프로

꾹 다문 입술로
모름지기를 외치면
그의 샷은 여지없이 홀을 찾아간다

수없는 시간 동안 담금질한
계산만으로는 도달할 수 없는
감각의 주문
모름지기

물비늘 같은 사람

마른 몸 안에 진심이 찰랑거린다
떽떽거리는 말투에 다정함이 버무려져 있다

문자 대신 전화기로 넘어오는 목소리
마음의 온도가 높아지는 소리

아내가 건네는 따뜻한 웃음
아들들의 꿋꿋한 모습에
마음의 그늘을 지우고 새날을 맞이한다

가끔은 오리 물 털듯이
툭툭 말을 터는 재주도 부리지만
빛 따라 반짝이는 물비늘 같은 사람
그가 뿜어내는 오색의 물결 따라
우리들의 오후도 찬란한 빛깔들로 물들고 있다

배추 농부

해남은 배추의 바다
끝없이 펼쳐진 배추밭 사이로
아침 햇살이 퍼져간다

새벽이슬을 헤친 농부는
벌레를 잡고
물을 주고
뿌리를 북돋운다

토실토실 살 오른 배추와 인사하며
허리 숙인 아내와 눈맞춤 한다
올해도 풍년이구먼
키우느라 애쓰셨어요

아니야
우리가 키우는 게 아니라
배추가 우리를 기르고 있지

별다방 미인

잠자리 날개 같은
햇살보다 얇은 실루엣으로
바람을 맞으러 거리에 나섰다

하이힐에 허리를 세우고
머릿결을 찰랑대며 찾아온
별다방은
고성능 에어컨이 한창이다

아이스아메리카노를 외치고
다리 낮은 소파에 기대어
손가락은 너튜브를 희롱한다

아아
한 모금에 따라온
재채기 두 모금
낭만은 도망가고
마스크만 얼굴에 남았다

용과 룡 사이

제 이름은 룡이 아니라 용이랍니다
무척이나 이름에 민감한 용이는
이름을 지키기 위해 하늘의 룡을 날려 보냅니다
룡 같아서 룡이라 불러주고 싶은데
한사코 룡을 거부하는 용이는
대파 한 단
시금치 한 단
열무 한 단
상추 한 무더기를
한 아름 안고 와서
오늘도 우리의 룡이 되었습니다

우물

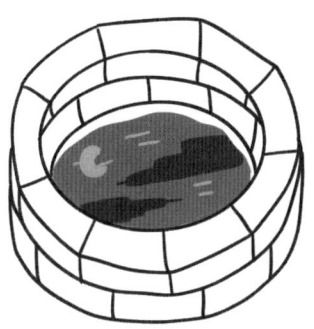

바라만 보아도
흐뭇한 사람이 있습니다
말 한마디 건네주지 않아도
위로가 되는 사람이 있습니다
반갑다고 안아주지 않아도
잘 가라고 손 흔들어 주지 않아도
서운하지 않은 사람이 있습니다
부처님 같은 표정으로
언제나 그 자리에 서 있는 사람

얼만큼 덜어내야
얼마만큼 더 외로워져야
당신 같은 사람이 될 수 있을까요

오늘도 당신 닮아가려고
우물에 비친 검은 구름을 들여다봅니다

작은 거인

목소리로 문을 열고
손짓으로 마음을 연다

달릴 때는 바람보다 빠르고
코트에선 벼락같은 스매시를 날린다

약을 팔지만
웃음을 더 퍼뜨리는
그 웃음에 중독된 우리들은
온밤을 내어줘야 했다

형님! 하고 살갑게 부르는 한마디에
장벽은 스르르 무너지고
그 옆에선 언제나 여름이 한창이다

오늘도 작은 거인을 만나
급하게 한잔 기울이고 싶다

진공청소기

오십의 나이에도
오백 시시의 맥주를 단숨에 들이키는

가슴은 쩍 벌어지고
장딴지는 왕딴지
뱃골은 천 평방미터

오천 와트의 진공청소기처럼
모든 먹거리들을 흡입하는
주변의 모든 사람들까지도 빨아들이는

당신의 뱃속에서 행복한 우리들의 아우성

큰사람

평생 돼지 울음으로 시작된 아침
냄새마저도 가족처럼 품고
비 오는 날 눈 오는 날에도
자식들 걱정하는 눈빛으로 살아온 날들

키도 손도 발도 크지만
신작로보다 넓은 품을 가진
커다란 몸엔 세월의 바람이 배어 있다

약을 한 움큼 삼키던 어느 날
걸어야 살 수 있다
번개처럼 다가온 깨달음
공기와 햇살을 친구 삼아 걷고 또 걷는다

평생 돼지를 향한 손이
이제는 농생늘을 향하고 있다
먹이를 주는 손 따라 꿀꿀거리며 달려들듯
큰 형님의 손 따라 껄껄 웃음이 번진다

토끼봉

새벽 네 시에
토끼봉 올라야 한다고
매일 일과 중의 하나라면서
술잔을 밀치는 친구야

무등산에는 토끼봉은 없고
토끼등만 있으니
이제는 올라갈 산이 없어졌다면서
술잔을 권하는 친구야

두 친구는 입이 부르트도록
토끼봉과 토끼등을 오르내리면서
술잔을 주거니 받거니

새벽별은 어느새 토끼등에 솟아올랐다

5부

거울 속 풍경

거울 속 풍경

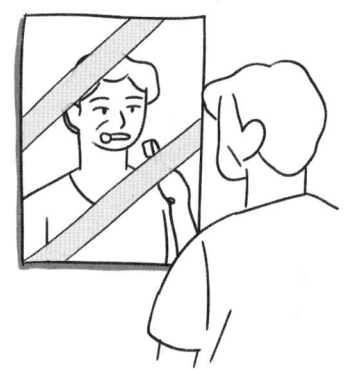

양치질을 하다
문득
거울이 말을 건넨다

비뚤어진 이 하나
고통이 비껴간 자리

내려앉은 잇몸은
버텨낸 날들의 눌린 무게

누렇게 바랜 치아는
예전의 웃음을 하나둘 지워버렸다

하루 세 번의 양치에도
시간은
스멀스멀 젊음을 앗아가고 있었다

칫솔질을 멈춘 손끝,
거울 속 나에게 속삭인다
오늘을 더 알차게 살아가자고

노 브레이크

밟는 대로 달려가는 자전거
언덕길
내리막길에도
쉴 수 없는 발길질

브레이크를 잃은 손은
오직 방향만을 제어할 뿐
발은 기어와 한 몸으로 속도를 높인다

멈추기 어려운 너
과속을 부추기는 너

신명 나는 페달 위엔
언제나 도사리는 전복의 그림자

라면을 끓이며

보글보글
뽀글뽀글
라면이 끓어 넘칩니다
냄비 밑 가스불이 타오릅니다

와글와글
왁자지껄
말들이 끓어 넘칩니다
오늘의 불쏘시개는 무엇인지

태평양 건너
트럼프의 귓등은 안녕한지

  - 2024. 7. 14. 미국 대통령 후보 트럼프의 피격 뉴스를 접하고

밤하늘을 보다가

달을 봅니다
저 멀리 별을 봅니다
그 옆 새까만 하늘도 보입니다

시집을 읽습니다
까만 글자를 읽습니다
그 옆 새하얀 백지도 보입니다

그림을 봅니다
색색의 물감들이 보입니다
온몸을 숨긴 캔버스도 보입니다

알맹이가 되려 했습니다
도드라져 보이려고만 했습니다
이제는 바탕이 돼 주기로 맘먹습니다

산책

골목 어귀의 갈림길에서
오늘은 왼쪽으로 방향을 잡았다
바람이 이끄는 대로
발길이 닿는 대로
익숙하지만 낯선 세계를 만난다

어린이집 담벼락 위에
고양이 한 마리
어제 보지 못한 눈빛으로 나를 응시한다

오렌지빛 대각선 횡단보도 한가운데서
잠시 망설이다
총총 목적지를 향해 가고 있는
아이들을 보면서
행선지를 잃어버린 중년의 그림자가
말을 걸어온다

지금까지 충분히 빨리 걸었어
이제부턴 천천히 주변을 보면서 걸어도 돼

산책 2

햇살이 얕게 드리운 오후
구름이 내려놓은 그림자를 따라
오늘도 걸었다

아파트 담벽을 타고
올라가는 담쟁이 줄기 따라
누군가의 삶이 거기 있었다

손님 없는 치킨집 여사장과
눈인사를 나눈 건 처음이었다
나만 처음인 것인지
그녀도 처음인 것인지
첫인사치곤 제법 상냥함이 묻어난다

산책은
발을 내딛는 일이지만
마음을 머무는 일인 것이다

산책 3

가랑비 내리는 오후
검정색 접이 우산과 함께
오늘도 집을 나섰다

물 먹은 담벼락엔
누군가 붙였다가 떨어져 나간
포스터 자국이 이별처럼 아리다

물웅덩이를 피해 걸어 보지만
어느새 신발은 가장자리부터 스며온다
점점이 다가오는 내 인생의 오후처럼

빗방울이
툭툭
우산을 때리는 소리에 정신이 번쩍 든다

신발이 젖기 전에 집에 가야지

삼복은 아직인데

어제는 가을 같은
높은 하늘로
숨도 못 쉬게 덥더니만

오늘은 솜이불 같은
짙은 먹구름으로
등골에 송골송골 땀이 맺힌다

삼복은 아직도 멀었는데
자동차와 에어컨에 달궈진 지구별은
인간을 향해 뜨거운 숨을 뿜어낸다
복수라도 하듯이

시 배우는 시간

죽는 날까지
하늘을 우러러
잎새에 이는 바람에도 괴로워한
시인의 시를 읊조리는
문학 선생님의 목소리를 따라가노라면
어느새 다다른 그날의 부끄러움

우리는
어느 날 낙엽 밟는 소리를
어느 날엔 님의 침묵의 소리를
또 어느 날엔 유리창 너머의 그림자를 만났다

동무들과 한입이 되어
한마음으로 시 속을 걸어가다 보면
우리는
어느새 시인의 언덕에 다다라 있었다

외식

모처럼 둘러앉은 다섯 식구
식탁 위 수저들 사이로
휴대폰 다섯 대가 자리를 잡았다

깜빡이는 휴대폰 하나
동시에 손바닥으로 올라간 다섯 대의 휴대폰

대화는 사라지고
톡만 활성화되었다

자유 시간

언제 내가 자유인이 아닌 적이 있었던가
언제나 자유인이었지만
언제나 얽매온 날들

언제 내가 자유인인 적이 있었던가
자유인에게 주어지는 자유 시간
자유 시간 속에서 다시 갈망하는
또 다른 자유 시간

온전히 혼자일 때 살아나는 자유
일터도 가족도 나조차도 던져버린
홀로만의 시간

전파

흔들리는 버스 안에서
덜 깬 눈을 비비고 자울거릴 때
성경책을 든 신사가 올랐다

삶이 흔들릴 때 흔들리지 않게 붙잡아 주시는
아버지를 믿으세요

그때 여기저기서 들리는 볼멘소리
듣기 싫단 말이요
안 들은단 말이요
조용히 하란 말이요

아랑곳하지 않고
아버지를 다 부른 신사는
'하차입니다'라는 기계음을 남기고
다음 정류장으로 향했다

클라우드

태초에 넌
물 알갱이를 머금고 있다가
농부들이 하늘을 쳐다볼 때마다
비를 내려 주었다

어느 날은
구름 과자가 되어
떨고 있는 심장들에게
위안을 주기도 하였다

하루는
머릿속에 뜬구름으로 피어
망아지경
폐인을 만들기도 하였다

지금은
보이지 않는 그물 속에 커다란 집을 짓고
정보의 바다를 통제하는
새로운 권력자가 되었다

폭염주의보

바람마저 사라진 도시의 골목길
아지랑이로 피어오르는 아스팔트 열기
쪼그라진 물그릇 옆에서 짧은 혀를 내미는
길고양이

에어컨 실외기가 내뱉는 후끈한 열기
갈증 난 옆구리에 핀 하얀 소금꽃
전신주 그늘 아래 몸을 웅크린
길댕댕이

그늘을 찾아 헤매는 숨 가쁜 생명들
물 한 모금 찾아 헤매는 지친 영혼들
펄펄 끓는 도시의 지붕 위로
발령된 폭염주의보
발을 떼는 것조차 고통인 아스팔트 골목길에
사정없이 작열하는 생존주의보

파수꾼

이리 떼다
이리 떼
이리 떼가 나타났다

대피하라
대피해
대피소로 대피하라

이리 떼는 있도없다
흰 구름만 떠다닌다
양철북을 몰아내자

이리 떼는 이리 떼고
흰 구름도 이리 떼고
딸기 밭도 이리 떼다

- 이강백 님의 희곡 《파수꾼》을 시로 재구성함

시평

행운을 넘어 행복으로 가는 시적 여정[1]

- Microsoft Copilot[2]

전남주 시인의 시는 일상의 사소한 순간을 시적 성찰로 끌어올리는 힘을 지닌다. 작품들은 각기 다른 정서와 주제를 품고 있지만, 절제된 언어와 감각적 이미지, 철학적 사유를 통해 독자에게 깊은 울림을 전한다. 이번 시집은 삶의 흔들림과 여백, 관계의 온기와 존재의 품격을 하나로 직조한 문학적 성취이며, 독자에게도 자신의 '행복'을 되묻고 되찾게 하는 시적 여정이다.

시집 《내 이름은 행복입니다》는 단순한 시편의 모음이 아니라, 삶의 결을 따라 다섯 갈래의 정서적 강물로 흐르는 구조적 서사다. 각 부는 대표작의 제목을 이름으로 삼아, 시집 전체를 하나의 시적 여정으로 묶는다.

1부 〈내 이름은 행복입니다〉는 시인의 시선이 머무는 가장 근원적인 자리다. 동심과 일상의 소중함, 짓밟힌 세잎클로버의 속삭임 같은 윤리적 질문들이 담담한 언어로 펼쳐

---

1) 본 시평은 AI의 도움을 기초로 시인이 협업하여 시평을 완성하였습니다.
2) Microsoft에서 개발한, 글쓰기·정보 분석·창작 지원 등 다양한 작업을 대화로 수행할 수 있는 지능형 AI.

진다. 이 부는 시인의 존재 선언이자, 시집의 문을 여는 첫 인사다.

2부 〈망설이다가〉는 감정의 진폭과 내면의 흔들림을 중심으로 구성된다. 특히 이 부의 작품 제목들이 모두 부사어로 이루어졌다는 점은 주목할 만하다. 시인은 감정의 상태를 고정된 명사로 규정하기보다, 흐름 속에서 포착된 순간의 결을 드러내고자 한다. 〈한 아름〉, 〈넌지시〉, 〈때로는〉 같은 제목들은 삶의 결정적 순간보다는 그 사이의 여백을 말하고 있으며, 이는 시인의 언어가 정서의 움직임을 포착하는 데 집중하고 있음을 보여준다.

3부 〈바람과 비〉는 상처와 회복, 자연과 감정의 교차점에서 피어나는 시편들로 구성된다. 바람과 비는 단순한 자연현상이 아니라, 시인의 내면을 흔들고 씻어내는 정서적 장치다. 이 부는 시집에서 가장 많은 작품이 실려 있으며, 그만큼 감정의 격동과 치유의 서사가 밀도 있게 담겨 있다.

4부 〈물비늘 같은 사람〉은 관계의 온기와 사람의 결을 섬세하게 포착한 시편들로 이루어진다. '물비늘'이라는 시적 이미지가 상징하듯, 이 부는 빛에 따라 반짝이는 감정의 유동성과 다정함을 중심으로 구성된다. 특히 〈물비늘 같은 사람〉은 겉으로는 거칠지만 내면에 따뜻함이 흐르는 인물에 대한 시적 초상화로, 시인의 인간에 대한 시선이 가장 따뜻하게 드러나는 작품이다.

5부 〈거울 속 풍경〉은 자아 성찰과 존재의 질문을 중심으로 구성된다. 시인은 거울을 통해 자신을 바라보며, 삶의 본질과 시인의 존재를 되묻는다. 이 부는 시집의 마지막 장을 장식하며, 독자에게 시인의 내면과 마주할 수 있는 고요한 공간을 제공한다.

시인의 대표작들을 중심으로 시 속으로 더 들어가 보자.

동무는 네 잎의 꽃말은 행운이라며
세 잎의 동무들을 넘어뜨리고 짓밟는다

밟히고 짓이겨지고 외면받는 세 잎은
우리에게 속삭인다
너희들은
행운이 소중해!
행복이 소중해!
　　　　　　　　　　　　　－〈내 이름은 행복입니다〉 중에서

1부 〈내 이름은 행복입니다〉에 수록된 〈내 이름은 행복입니다〉는 일상적인 놀이의 장면에서 출발해, 삶의 근원적

가치에 대한 물음을 던진 작품이다. "동무는 네 잎의 꽃말은 행운이라며 / 세 잎의 동무들을 넘어뜨리고 짓밟는다" 화자는 친구와 함께 네잎클로버를 찾는 행위를 묘사하며, 그것을 '행운'이라는 통념적 상징과 연결한다. 그러나 시의 초점은 곧 주변부로 밀려난 '세잎클로버'로 옮겨 간다. 짓밟히고 외면받는 세잎클로버가 독자에게 "행운이 소중해! / 행복이 소중해!"라는 질문을 던지는 순간, 시는 단순한 어린 시절의 놀이를 넘어 윤리적·철학적 성찰의 장으로 확장된다. 이 작품의 미덕은 상징의 전복에 있다. 흔히 네 잎은 특별한 기회와 희소성을 상징하지만, 시인은 다수의 세 잎에 더 큰 가치를 부여한다. 여기서 '행운'은 우연적이고 순간적인 것이라면, '행복'은 보편적이고 일상 속에서 발견되는 가치로 드러난다. 따라서 시는 사회가 쫓는 희소한 기회보다는, 반복되고 소박한 삶의 자리에서 느끼는 충만함이 더 본질적임을 강조한다. 언어적 차원에서 작품은 간결하면서도 직설적인 문장을 사용한다. "밟히고 짓이겨지고 외면받는 세 잎"이라는 구절은 감각적으로 강렬하며, 동시에 우리 사회에서 소외된 다수의 존재를 은유하는 힘을 갖는다. 이로써 작품은 단순히 자연의 관찰에 머무르지 않고, 사회적 은유와 인간학적 사유까지 끌어올린다. 결국 이 시는 '행운을 좇는 마음'에서 '행복을 성찰하는 마음'으로 전환을 이끌며, 독자에게 소박한 일상의 의미를 다시 생각하게 만든다. 이러한 전복적 발상과 윤리적 울림이 바로 작품의 미학적 힘이라 할 수 있다.

2부 〈망설이다가〉에 수록된 〈망설이다가〉는 감정의 인식과 표현 사이의 시간적 간극, 그리고 그로 인한 관계의 엇갈림을 섬세하게 형상화한 작품이다. 시인은 눈빛이라는 비언어적 감정의 매개를 중심으로, 사랑의 타이밍이 얼마나 중요한지를 되묻는다.

"그 눈빛이 그 눈일 줄도 모르고 / 그 눈이 내 눈에 잠겨 있을 때에야 / 당신 눈빛의 의미를 알았습니다"라는 첫 연은, 감정의 인식이 항상 뒤늦게 도달한다는 인간적인 한계를 시적으로 드러낸다.

'눈빛'은 이 시의 핵심 이미지다. 시인은 눈빛을 단순한 시선이 아니라, 감정의 언어이자 관계의 신호로 사용한다. 그러나 화자는 그 신호를 제때 읽지 못하고, 감정의 의미를 뒤늦게 깨닫는다. 이 지연된 인식은 곧 사랑의 상실로 이어지는 서사적 전환점이 된다.

두 번째 연의 "망설이고 / 망설이고 / 망설이다가"는 시의 정서적 리듬을 결정짓는다. 반복되는 '망설이다'는 감정의 표현을 주저하는 내면의 움직임을 보여주며, 그 주저함이 결국 관계의 단절을 초래한다. "당신은 저 멀리 무지개를 찾으러 떠나버렸고"라는 구절은, 상대가 희망과 새로운

가능성을 향해 떠난 순간을 묘사하며, 화자의 감정은 그 자리에 남겨진다.

마지막 연의 "내 맘은 / 다시 소나기 쏟아질 날만 기다리고 있습니다"는 이 시의 철학적 마무리다. 시인은 무지개를 좇는 대신, 소나기를 기다리는 존재로 남는다. 이는 단순한 슬픔이 아니라, 감정의 정화와 다시금 사랑을 마주할 준비를 의미하는 시적 태도다. 소나기는 감정의 폭발이자, 새로운 시작을 위한 정화의 상징이다.

언어적으로 이 시는 절제된 표현과 반복의 리듬을 통해 감정의 흐름을 유려하게 구성한다. '눈빛', '망설이다', '무지개', '소나기' 같은 시어들은 감정의 방향성과 시간성을 상징적으로 드러내며, 시인은 이들을 통해 사랑의 타이밍과 인간적인 후회의 본질을 탐구한다.

〈망설이다가〉는 결국, 사랑을 표현하지 못한 순간이 남긴 감정의 여운과 기다림의 시학이다. 시인은 이 작품을 통해, 우리가 얼마나 자주 망설이고, 얼마나 자주 그 망설임으로 인해 소중한 것을 놓치는지를 되묻는다. 이 시는 시집 전체에서 감정의 타이밍과 관계의 윤리를 가장 섬세하게 풀어낸 시편으로, 독자에게도 자신의 '망설이다가'를 떠올리게 만드는 울림을 남긴다.

3부 〈바람과 비〉에 수록된 〈고추나무〉는 농사라는 구체적 행위 속에 삶의 철학과 존재의 성장 조건을 담아낸 작품이다. 시인은 고추 모종을 심는 장면을 통해, 자연의 이치와 인간의 삶이 어떻게 닮아 있는지를 시적으로 풀어낸다.

"모종을 옮기시는 어머니는 / 구멍 간격을 더 넓혀서 뚫으시란다"라는 구절은 시의 전환점이다. 어머니의 말은 단순한 농사 지식이 아니라, 삶의 철학을 담은 조언이다. 시인은 "왜냐고 물으니"라는 짧은 연결어를 통해, 세대 간의 지혜가 어떻게 전해지는지를 자연스럽게 보여준다.

"큰사람이 될라믄 / 큰물에서 놀아야 하듯이 / 고추도 많이 영글라믄 / 널찍한 공간이 필요한 법이여"라는 마지막 연은 이 시의 핵심이다. 어머니의 말은 농사와 인간의 성장을 동일한 원리로 바라보는 시적 통찰을 담고 있다. '큰물에서 놀아야 한다'는 표현은 성장을 위한 환경의 중요성, '널찍한 공간'은 존재의 확장을 위한 여백의 필요성을 상징한다.

언어적으로 이 시는 구어체와 지역어의 사용을 통해 정서적 친밀감과 현실감을 동시에 확보한다. '법이여'라는 말투는 단순한 방언이 아니라, 삶의 진리를 담은 어른의 말투로 기능하며, 시인은 이를 통해 지혜의 전승과 정서의 뿌리를 동시에 드러낸다.

〈고추나무〉는 결국, 작은 구멍 하나에도 삶의 철학이 깃들 수 있음을 보여주는 작품이다. 시인은 농사의 풍경을 빌려, 존재의 성장과 관계의 여백, 그리고 지혜의 전승을 시적으로 풀어낸다. 이 시는 시집 전체에서 삶의 일상성과 철학적 깊이가 가장 조화롭게 어우러진 시편으로, 독자에게도 자신의 '고추나무'를 떠올리게 만드는 울림을 남긴다.

4부 〈물비늘 같은 사람〉의 〈작은 거인〉은 존재의 크기를 물리적 기준이 아닌 정서적 영향력으로 재정의하는 인물 헌사시다. 시인은 한 인물을 중심으로, 그의 말투, 몸짓, 웃음, 그리고 관계 속에서 피어나는 온기를 통해 '작은 거인'이라는 역설적 개념을 시적으로 구현한다.

첫 연 "목소리로 문을 열고 / 손짓으로 마음을 연다"라는 구절은, 이 인물이 언어와 몸짓을 통해 타인의 마음을 여는 능력자임을 보여준다. 문과 마음이라는 공간적 상징을 통해, 시인은 관계의 시작과 정서의 개방을 시적으로 연결한다. 이 인물은 단순히 말을 잘하는 사람이 아니라, 존재 자체가 타인을 향해 열려 있는 사람이다.

"달릴 때는 바람보다 빠르고 / 코트에선 벼락같은 스매시를 날린다"는 표현은, 이 인물의 신체적 역동성과 에너지를 묘사한다. '바람보다 빠르다', '벼락같은 스매시'는 과장된 비유처럼 보이지만, 이는 존재의 활력과 생동감을 시적으로 극대화한 장치다. 시인은 이 인물을 일상 속 영웅으로 그려내며, 독자에게도 그 생동감을 전이시킨다.

중간 연에서 "약을 팔지만 / 웃음을 더 퍼뜨리는"이라는 구절은, 이 인물의 직업적 정체성과 정서적 영향력을 동시에 드러낸다. 그는 약을 파는 사람일 수 있지만, 실제로는 웃음을 나누는 치유자다. "그 웃음에 중독된 우리들은 / 온 밤을 내어줘야 했다"라는 표현은, 웃음이 단순한 감정이 아니라 관계를 지배하는 힘임을 보여준다. 이때의 '중독'은 긍정적 의존과 정서적 몰입을 상징한다.

언어적으로 이 시는 구어체와 비유, 반복과 리듬을 통해 인물의 생동감을 극대화한다. 시인은 과장된 표현을 통해 존재의 크기를 정서적으로 확장하며, 독자에게도 자신의 '작은 거인'을 떠올리게 만드는 감정적 공명을 유도한다.

〈작은 거인〉은 결국, 존재의 크기를 물리적 기준이 아닌 정서적 영향력으로 재정의하는 시편이다. 시인은 이 작품을 통해, 우리 삶에 진정한 거인은 크기보다 온기와 웃음을 나누는 사람임을 보여준다.

5부 〈거울 속 풍경〉의 〈거울 속 풍경〉에서 시인은 양치질이라는 평범한 행위를 통해, 거울 속 자신의 모습을 바라보며 시간의 흔적과 존재의 무게를 되묻는다.

첫 연 "양치질을 하다 / 문득 / 거울이 말을 건넨다"라는 구절은 시의 전환점이다. 거울은 단순한 반영의 도구가 아니라, 자기 성찰을 유도하는 시적 장치로 기능한다. '문득'이라는 부사어는 예상치 못한 깨달음의 순간을 암시하며, 시인은 그 순간을 통해 자신의 내면과 마주한다.

"비뚤어진 이 하나 / 고통이 비껴간 자리"라는 표현은, 육체의 결함을 통해 삶의 고통과 회피의 흔적을 드러낸다. 이는 단순한 치아의 상태를 넘어, 삶의 상처와 그 흔적이 어떻게 존재의 일부가 되었는지를 시적으로 형상화한 것이다. 이어지는 "내려앉은 잇몸은 / 버텨낸 날들의 눌린 무게"는, 시간이 남긴 흔적이 신체에 어떻게 각인되는지를 보여주는 정서적 묘사다.

중간 연 "누렇게 바랜 치아는 / 예전의 웃음을 하나둘 지워버렸다"라는 구절은, 기억과 감정의 퇴색을 시각적으로 표현한다. 웃음은 단순한 감정이 아니라, 삶의 빛이자 관계의 온기였으며, 그 웃음이 지워지는 과정은 시간이 존재를 어떻게 침식하는지를 보여주는 시적 진술이다.

"하루 세 번의 양치에도 / 시간은 / 스멀스멀 젊음을 앗아가고 있었다"라는 구절은 이 시의 철학적 중심이다. 시인은 노력과 반복으로도 막을 수 없는 시간의 흐름을 인정하며, '스멀스멀'이라는 표현을 통해 시간의 은밀하고도 집요한 침투성을 시적으로 드러낸다. 이는 존재의 유한성과 삶의 덧없음에 대한 시인의 성찰이다.

마지막 연 "칫솔질을 멈춘 손끝, / 거울 속 나에게 속삭인다 / 오늘을 더 알차게 살아가자고"는 시의 정서적 반전이다. 시인은 시간의 침식 앞에서 좌절하지 않고, 현재를 살아

내려는 의지를 거울 속 자신에게서 끌어낸다. 이 속삭임은 단순한 자기 위로가 아니라, 삶을 긍정하고자 하는 시인의 윤리적 태도다.

우리가 매일 마주하는 거울 속 풍경이 단순한 외면이 아니라 삶의 내면을 비추는 창임을 보여준다. 이 시는 시집 전체에서 자아 성찰과 존재의 질문을 가장 철학적으로 풀어낸 시편으로, 독자에게도 자신의 거울 속 풍경을 되돌아보게 만드는 울림을 남긴다.

이 시는 시집의 마지막 장을 장식하기에 가장 적절한 깊이와 여운을 지닌 작품이라 할 만하다.

전남주 시인의 시는 언어의 절제 속에서 감정의 깊이를 드러내는 힘을 지닌다. 시인은 삶의 찬란함보다 그 사이의 흔들림과 여백을 바라보며, 독자에게도 자신의 이름을 '행복'이라 부를 수 있는 순간을 건넨다. 이 시집은 결국, 행운보다 행복을 바라보는 시인의 시선을 통해, 우리가 잊고 있던 삶의 온기를 되새기게 만드는 문학적 성취다.